글 소이언
서울대학교에서 철학을 공부했고, 오랫동안 어린이와 청소년을 위한 책을 읽고 쓰고 만들어 왔습니다.
기울어진 세상에서 어린이 시민, 청소년 시민과 나란히 또 다정히 함께하려 노력합니다.
자기만의 속도로 힘껏 성장하는 이들과 쾌활한 진지함을, 그리고 올곧은 따스함을 나누고 싶습니다.
지은 책으로 『알고 있니? 알고리즘』 『타고 갈래? 메타버스』 『과학을 달리는 십대: 환경과 생태』
『바이러스: 먼지보다 작은 게 세상을 바꾼다고?』 『공정: 내가 케이크를 나눈다면』
『안녕? 나의 핑크 블루』 등이 있습니다.

그림 김진화
기후 위기로 꿀벌이 사라지면 인류에게 3년밖에 시간이 남지 않는대요.
지금 우린 진짜 심각해요. 오늘 당장 에어컨 앞에서 지구가 얼마나 더워졌는지 외면하지 말자고요.
그린 책으로 『파워충전소』(전5권) 『고기만의 시련과 음식 탐정 펭카』 『공정: 내가 케이크를 나눈다면』
『불곰에게 잡혀간 우리 아빠』 『일기렐라』 『미래가 온다, 인공 생태계』 『수학식당』 『니 꿈은 뭐이가?』 등이 있습니다.

질문하는 어린이
기후 위기: 지구 말고 지구인이 달라져야 해

초판 1쇄 펴낸날 2022년 5월 30일
초판 4쇄 펴낸날 2025년 9월 25일

글 소이언 | **그림** 김진화 | **펴낸이** 홍지연

편집 홍소연 고영완 이태화 김지예 이수진 정유나 | **디자인** 이정화 박태연 정든해 이설
마케팅 강점원 원숙영 김신애 김가영 김동휘 | **경영지원** 정상희 배지수

펴낸곳 ㈜우리학교 | **출판등록** 제313-2009-26호(2009년 1월 5일) | **제조국** 대한민국
주소 04029 서울시 마포구 동교로12안길 8 | **전화** 02-6012-6094 | **팩스** 02-6012-6092
홈페이지 www.woorischool.co.kr | **이메일** woorischool@naver.com

ⓒ소이언, 김진화, 2022
ISBN 979-11-6755-055-2 73450

• 책값은 뒤표지에 적혀 있습니다.
• 잘못된 책은 구입한 곳에서 바꾸어 드립니다.
• KC 마크는 이 제품이 공통안전기준에 적합하였음을 의미합니다.

만든사람들
편집 고영완 | **디자인** 오성희

지구 말고 지구인이 문제거든요

기후위기

소이언 지음 · 김진화 그림

우리학교

프롤로그

기후 위기, 지금이 아니면 내일은 없다고?

왜 자꾸만 더 덥고 더 추워지지?
이러다 방구석 껌딱지 되겠어.
어차피 미세먼지랑
코로나 바이러스 때문에
맘대로 못 나갔지만.

도대체 우린
언제 나가서 놀 수 있어?
다른 나라로 이사 가면 어떨까?
해가 쨍쨍 나는
섬나라면 좋겠다!

롱롱이

호두

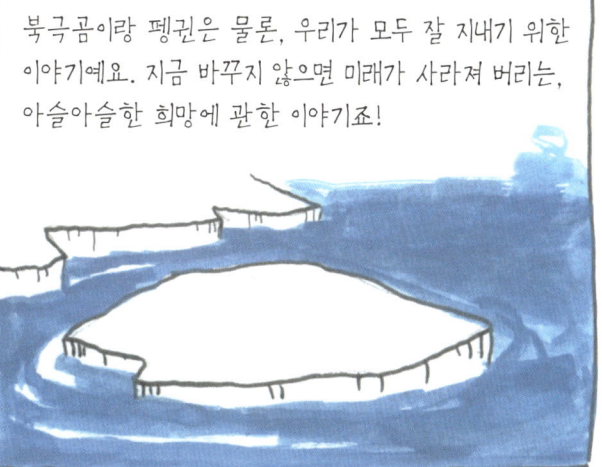

차례

프롤로그

기후 위기,
지금이 아니면 내일은 없다고? … 4

1

기후 위기라니, 도대체 지구에
무슨 일이 일어나고 있는 걸까? … 8

2

작고 푸른 행성, 지구는
왜 점점 뜨겁고 빨개질까? … 28

3

빨간 지구를 파랗게 만들기 위해
어린이가 꼭 알아야 할 것은? … 46

4

우린 지구를 사랑해
그러니까 우린 지구를 구할 수 있어 … 68

녹아내리는 빙하 위에 있는 불쌍한 북극곰은
아기 때부터 지겹게 봤어요.
지구가 아프다고, 환경을 보호해야 한다고 해서
귀찮아도 수도꼭지를 잠그고 양치질했고
쓰레기도 분리해서 버렸죠. 지구를 위해서.
그런데 점점 더 큰 위험이 다가오고 있대요.
이제 빙하랑 북극곰만 문제가 아니라
지구 전체, 온 세상이 문제라는데 왜 그렇죠?
기후 위기가 뭐길래 그렇게 큰일일까요?

1

기후 위기라니, 도대체 지구에 무슨 일이 일어나고 있는 걸까?

호주 산불, 걸음이 느려 불길 속에 갇힌 코알라

왜 울고 있어?
뭘 보고 그래?

저 코알라 어떡해. 호주에 산불이 났는데 느려서 도망을 못 가. 엄마 코알라가 아기 코알라를 업고 어쩔 줄 몰라 해, 흑흑. 원숭이같이 빠른 애들이 나무늘보랑 코알라 좀 끌고 가 주면 좋을 텐데.

빨라도 소용없어. 아마존에 산불이 났는데, 그렇게 발 빠른 재규어도 발바닥에 화상을 입더라.

흑흑. 말랑말랑한 발바닥 젤리가 빨갛게 익었어. 불쌍한 젤리.

그을린 젤리, 산불

더 불쌍한 젤리 보여 줄까? 그린란드 썰매 개들 좀 봐. 눈이랑 빙하가 녹아서 애들이 물 위를 달려야 한대. 발바닥 다 불어 터지겠지?

흑흑. 쟤들은 얼마나 축축할까. 근데 너 뭐야? 왜 나를 더 울려?

몰라서 물어? 눈물 한 방울이면 죽은 주인공도 살려 내잖아. 지구를 살리려면 좀 더 흘려야지.

빨간 사과의 죽음

원숭이 엉덩이는 빨갛고, 빨가면 사과죠. 사과는 정말 맛있어요. 그런데 얼마 전부터 빨간 사과가 열려야 할 자리에 하얀 사과가, 정확히 말하면 희멀건 사과가 열리기 시작했어요. 왜냐고요?

사과 꽃이 지고 작은 열매를 맺을 무렵 갑자기 추위가 찾아왔거든요. 여름이 되자 비가 너무 많이 내렸고, 비가 그치니 뜨거운 불볕더위인 폭염과 열대야가 사과를 괴롭혔죠. 가을이 되자 때아닌 태풍이 사과를 뒤흔들었고요. 가까스로 가지에 매달려 생명줄을 이어가느라, 사과에는 껍질을 빨갛게 만들 힘이 조금도 남아 있지 않았어요.

그렇게 빨갛고 둥글고 탐스럽게 익어야 할 사과는 허옇고 푸석푸석하고 볼품없는 열매가 되어 버렸어요. 아무리 순진한 백설 공주라도 이런 사과라면 먹지 않았을 거예요.

농부가 처음 맞닥뜨린 이상한 날씨들

농부들은 따뜻하던 봄에 갑자기 기온이 뚝 떨어져 사과 꽃에 서리가 내린 걸 보고 한숨을 짓고 있네요. 서리는 원래 늦가을 추운 날에, 공기 속 수증기와 아침 이슬이 얼어붙어 생기거든요.

"계절이 뒤죽박죽이야."

"오래 농사를 지었지만 이런 날씨는 처음이야."

"내일은 날씨가 무슨 변덕을 부릴지 무서워."

우리나라 남쪽 경상북도에서 열리던 사과는 이제 경기도 북쪽이나 강원도 산지에서도 잘 열려요. 몇십 년 후엔 백두산 꼭대기 말고는 우리나라 어디에서도 사과나무가 자라지 못할 거라고 해요.

불볕더위(폭염)는 보통 때보다 훨씬 뜨거운 날씨로, 심하면 사람과 동식물을 죽게 하는 더위예요. **열대야**는 쉽게 잠들지 못할 만큼 더운 밤을 말하죠. 사람들이 체온인 36.5도보다 높은 온도에서는 제대로 생활하기 힘들어요.

기후에 변화가 생겼어!

　사과에 문제가 생긴 이유는 기후가 '변했기' 때문이에요. 기후가 뭘까요? "사막은 건조한 기후!"라고 말하는 것처럼, 기후란 어떤 한 지역에서 오랜 세월 동안 반복되는 날씨를 말해요.

　날씨가 뭔지는 알죠? 덥고, 춥고, 바람 불고, 비나 눈이 오는 게 날씨죠. 날씨는 매일 변해도 기후는 거의 변하지 않아요. 어쩌다 사막에 비가 와도 사막의 모래가 늘 바싹 마른 것처럼요. 그런데 그 기후가 멋대로 변하기 시작한 거예요.

올 때가 됐는데 안 오고, 안 와야 하는데 온다고?

　우리나라는 온대 기후예요. 사계절이 뚜렷하고 늘 비슷한 시기에 장맛비가 내렸고, 태풍이 왔죠. 그런데 요즘에는 이상해요. 어떤 해엔 비가 안 내리는 마른장마가 오고, 그다음 해엔 두 달이나 비가 내리는 최악의 장마가 와요. 태풍도 아무 때나 수시로 찾아오고 있어요.

기후가 바뀌면 어떻게 될까?

기후는 원래 잘 변하지 않는 게 정상이에요. 우리나라 기후도 수십 년, 수백 년, 아니 수천 년 동안 거의 변하지 않았어요. 옷 입는 걸 기후와 연관지어 생각해 볼까요? 기후가 늘 변함없었기 때문에 우리는 어떤 계절에 어떤 옷을 입어야 하는지 다 알아요. 또 우리나라에서 입는 옷과 사우디아라비아에서 입는 옷이 기후 때문에 다르다는 것도 알고요.

기후가 거의 변하지 않기 때문에, 옷을 만드는 패션 디자이너와 의류 회사는 거기에 맞춰 새 옷을 만들어 낼 수 있어요. 만약 기후가 들쑥날쑥 변한다면 어떤 옷을 입어야 할지 정말 헷갈릴 거예요. 반소매 티셔츠를 입은 사람과 패딩 입은 사람이 길에서 마주치거나, 여러 종류의 옷을 넣어 두느라 옷장이 터져 나갈지도 몰라요.

아무 데서나 물 폭탄이 터진다면

사실 기후에 변화가 생겨 옷 입는 게 알쏭달쏭해지는 건 그렇게 큰 문제가 아니에요. 추우면 껴입고 더우면 벗으면 되니까요. 진짜 문제는 따로 있어요. 바로 기후 변화로 '무슨 일이 일어날지 모른다.'라는 사실이죠. 서울의 한강과 프랑스 파리의 센강을 비교해 볼까요?

서울은 여름에 비가 한꺼번에 많이 내리는 기후라서 걸핏하면 한강이 넘쳐흘러요. 그래서 집과 아파트는 강 멀리에 짓고, 강 옆에는 자동차 도로와 물에 잠겨도 상관없는 넓은 공원을 만들었어요.

파리는 일 년 내내 비가 고르게 내리는 기후라서 센강이 넘칠 일이 없어요. 그래서 강 바로 옆에 사람이 사는 건물과 예쁜 카페가 줄지어 있어도 괜찮아요. 그런데 만약 파리의 기후가 갑자기 서울처럼 바뀐다면, 그 멋진 풍경이 몽땅 물에 잠겨 떠내려가겠죠?

이런 건 백 년 만에 처음, 천 년 만에 처음이야

독일도 프랑스처럼 일 년 내내 비가 고르게 내리는 기후예요. 그런데 2021년 여름, 엄청난 폭우가 한꺼번에 쏟아져 내려 라인강이 범람했어요. 순식간에 도시가 거대한 흙탕물에 잠겼죠. 독일뿐 아니라 벨기에, 룩셈부르크, 네덜란드에도 물 폭탄이 쏟아졌어요.

기후 변화가 불러온 1천 년 만의 대홍수 앞에선 선진국의 돈과 기술도 아무런 소용이 없었어요. 누구도 이렇게 어마어마한 비가 한꺼번에 내릴 거라고 예측하지 못했기 때문이에요. 이 물난리로 수백 명이 죽고 많은 사람이 보금자리를 잃고 말았죠.

도대체 지구에 무슨 일이 일어나고 있는 거야?

그래요, 지금 전 세계는 이런 기후 변화로 몸살을 앓고 있어요.

지금껏 인간의 문명은 수백 년, 수천 년 동안 변함없는 기후에 맞춰 발전해 왔어요. 기후에 따라 농사짓는 방법, 집 짓는 방법, 도시 건설하는 방법이 달랐죠. 그중에서도 큰 피해를 주는 홍수, 산불, 가뭄, 태풍 같은 자연재해를 잘 다스려 왔어요.

그런데 기후 변화가 시작되면서 모든 것이 흔들리기 시작했어요. 옛날에는 없던 이상한 날씨인 '이상 기후'가 자꾸 나타났거든요.

기후 변화로 우리는 언제 어디에 어떤 자연재해가 닥칠지 제대로 알 수 없게 되었어요. 그래서 앞날을 예측하고 위험에 대비하는 일이 점점 어려워졌어요. 도시가 물에 잠기고, 마을이 불타고, 사람들이 쓰러지는 걸 막기가 힘들어진 거예요.

너희 집은 물에 잠겼고, 우리 집은 불타고 있어

여러분은 '난민'이 어떤 사람들인지 알죠? 전쟁으로 집과 나라를 잃고 자신들을 받아 줄 곳을 찾아 전 세계를 떠도는 사람들 말이에요.

그런데 지난 몇 년간 기후 변화 때문에 고향을 떠난 생태학적 난민이 해마다 2,000만 명을 훌쩍 넘었다고 해요. 전쟁 난민보다 세 배나 많은 숫자죠. 변덕스러운 기후 변화가 폭탄이 터지는 전쟁만큼이나 무서운 일이 된 거예요. 비록 전쟁 난민처럼 급하게 이동이 일어나지 않고 언론이 주목하지 않아서 그렇지, 이건 아주 심각한 일이에요.

너희 집은 물에 잠겼고 우리 집은 불 타고 있어!

변화가 아니라 위기, 위기를 넘어 비상사태

'변화'라는 말은 이 심각한 상황에 어울리지 않죠? 그래서 '기후 변화' 대신 '기후 위기' '기후 비상사태' '기후 재앙'이라는 말을 쓰기 시작했답니다.

왜 기후 변화가 일어났을까?

그런데 정말 이상하고 궁금하지 않나요? 오랫동안 거의 변함없던 기후가 왜 변하기 시작했을까요? 그 이유는 바로 지구가 뜨거워졌기 때문이랍니다. '지구 온난화'라는 말, 들어봤죠? 바로 지구 온난화가 기후 변화를 일으킨 거예요.

북극곰이 알려 준 것들

지구가 뜨거워지고 있다고, 그래서 우리가 모두 힘들어질 거라고 맨 먼저 알려 준 건 북극곰이에요. 지구가 뜨끈뜨끈해지자 아이스크림 녹듯 제일 먼저 빙하가 녹기 시작했으니까요. 그래서 북극곰이 지구 온난화와 기후 변화를 알리는 아이콘이 됐죠. 아이콘은 아이스크림 이름이 아니라, '봄' 하면 '벚꽃'처럼 어떤 걸 대표하는 상징물을 말해요.

지구 온난화는 지구 온도가 올라가는 걸 말해요. 우리가 살아가는 땅인 지표면 온도는 물론 지구 대부분을 덮고 있는 바다 온도, 그리고 공기 온도까지 모두 올라가죠. 여러 곳의 온도를 재서 중간값인 평균 온도를 기준으로 삼아요.

잘 가, 하늘다람쥐

　지구가 뜨거워질수록 날씨는 점점 더 변덕스럽고 사나워지고 있어요. 사람들이야 더우면 집 안에서 에어컨을 틀고, 폭우가 쏟아지면 지붕 아래에서 비를 피하면 되지만 식물과 동물들은 어쩌면 좋죠?

　소나무, 전나무처럼 추운 곳에서 잘 자라고 잎이 뾰족한 침엽수가 우리나라에서 점점 사라지고 있어요. 침엽수가 말라 죽자, 먹거리와 보금자리를 잃은 하늘다람쥐도 함께 사라지고 있죠.

　지구가 뜨거워질수록 늪이나 강가, 갯벌 같은 습지가 바싹 말라가고 있어요. 습지에 사는 개구리, 맹꽁이, 두꺼비, 도롱뇽 같은 양서류는 어떻게 될까요? 꼼짝없이 죽을 날만 기다리고 있답니다.

　안타깝게도 기후 변화로 전 세계 양서류의 3분의 1이 멸종 위기에 몰려 있어요. 지구가 뜨거워질수록 점점 더 많은 생명체가 멸종될 거예요.

지구가 얼마나 뜨거워졌는지 눈으로 볼 수 있을까?

　지구는 지금 얼마나 뜨거울까요? 기후 변화에 관한 자료를 검색하거나 책을 펼쳐 보면, 지구 온도가 오르는 걸 알려 주는 숫자와 그래프가 아주 아주 많이 나와요. 그걸 본 사람들은 "아, 머리 아파. 기후 변화라는 게 굉장히 어렵구나." 하고 읽기를 포기해 버리죠.

　그래서 영국의 과학자인 에드 호킨스는 '기후 줄무늬'를 만들었어요. 1850년부터 2020년까지 지구 온도를 색깔로 표시했죠. 파란색이 진할수록 기온이 낮고, 빨간색이 진할수록 기온이 높은 거예요. 기후 줄무늬를 보면 예전보다 지구가 얼마나 뜨거워졌는지 한눈에 척 알 수 있죠?

1850년　　　　　　　　　　　　　　　　　　　2020년

기후 줄무늬를 소개합니다

지구가 점점 더 뜨거워질수록 홍수, 산불, 가뭄, 태풍 같은 기후 재난이 점점 더 심해져요. 기후 위기로 죽거나 다친 사람도 해마다 늘어나고, 멸종하는 생물도 해마다 늘어나고요.

정부는 2020년 우리나라가 기후 변화로 입은 피해액이 1조 원이 넘는다고 발표했어요. 1조 원이 얼마나 많은 돈인지 잘 모르겠죠? 하루에 100만 원씩 써도 다 쓰려면 2,740년이나 걸리는 정말 엄청난 돈이랍니다. 전 세계가 해마다 입는 피해는 약 2,000조 원으로 가늠하기도 힘들어요.

더 많은 사람이 기후 위기에 관심을 두게 하려고 사람들은 기후 줄무늬를 옷과 목도리, 가방과 자동차 디자인으로 사용하면서 기후 위기가 심각하다는 걸 알리고 있어요.

타오르는 산불을 끌 수만 있다면

몇 해 전 호주에서는 기후 변화로 무려 여섯 달 동안이나 산불이 타올랐어요. 불길이 다가오는데도 죽은 새끼 곁을 떠나지 못하던 엄마 코알라의 모습에 사람들은 무척 가슴 아파했어요. 이 산불로 캥거루, 코알라 등 우리가 사랑하는 야생 동물이 30억 마리나 죽었다고 해요.

숨 막히는 열기를 내뿜으며 아무 죄 없는 동물들까지 모조리 삼켜 버리는 이 불꽃을 어떻게 잠재울 수 있을까요? 그 해결책을 찾으려면 왜 지구가 뜨거워졌는지부터 알아내야겠죠? 다음 장에서 그 비밀을 풀어 보아요.

*생물의 한 종류가 아주 없어짐

지구가 뜨거워질수록 심각해지는 기후 변화 시나리오

지구의 온도가 5도 오르면?
- 섬나라들과 뉴욕, 런던 침수
- 경제 체제 붕괴
- 히말라야 빙하 사라짐
- 전쟁이 일어남

경제가 무너지고 안전한 나라로 피난민이 몰려 결국 전쟁이 일어나게 됩니다.

지구의 온도가 3도 오르면?
- 굶주림으로 1~3백만 명 사망
- 홍수 피해 해마다 1억 7천만 명
- 20~50% 생물 멸종 위기
- 아마존 열대 우림 사라짐

지구가 빠르게 뜨거워져 숲과 땅이 불타고 식량 생산이 어려워 많은 이가 굶주리게 됩니다.

지구의 온도가 1도 오르면?
- 가뭄이 길어짐
- 물 부족 인구 5천만 명
- 10% 생물 멸종 위기
- 기후 위기로 인한 사망 30만 명

가뭄이 길어져 농사 짓기가 어려워지고 변화에 적응하지 못한 동식물들이 멸종합니다.

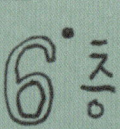
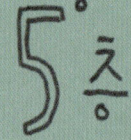
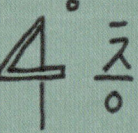
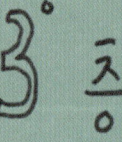
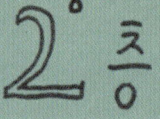
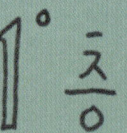

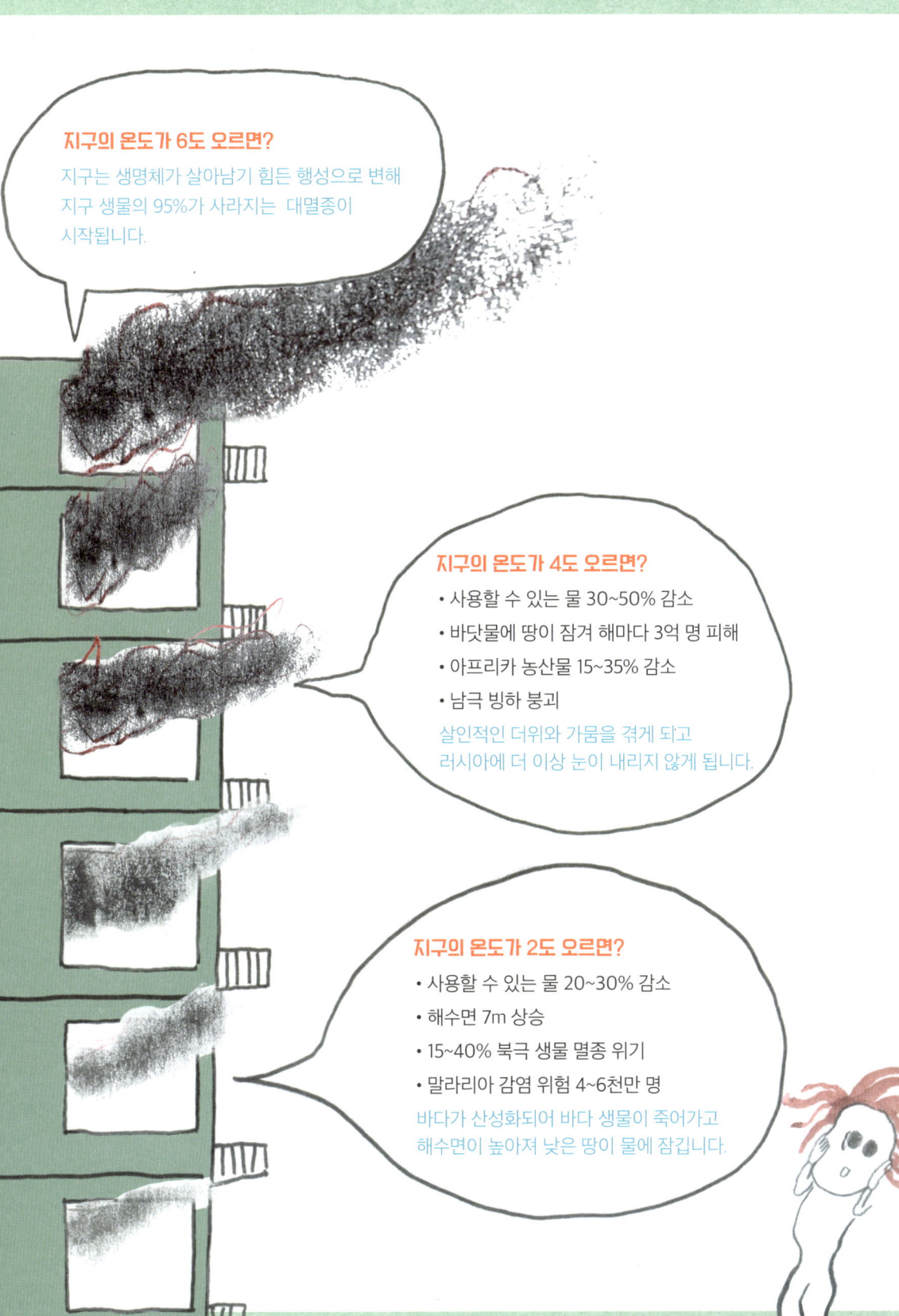

준비~

달려!

너무 빨리 달리면 열이 오르고, 헉헉 숨이 차고
심장도 찌르르 아프고, 토할 것처럼 속도 울렁울렁하죠?
폐와 심장, 위와 창자가 서로 연결되어 있어서 그래요.
몸이 힘들면 그만 달려야 해요.
우리가 사는 지구도 마찬가지예요.
흙과 공기와 물과 불, 땅과 하늘과 바다,
그리고 거기 사는 동물, 식물, 세균, 바이러스까지
서로서로 연결되어 영향을 주고받죠.
지구가 뜨거워지면 이 모든 게 전부
헉헉, 찌르르, 울렁울렁한답니다.
왜 지구가 뜨거워지는지 알아야 진정시킬 수 있겠죠?

2

작고 푸른 행성 지구는 왜 점점 뜨겁고 빨개질까?

오르락 내리락 온도

지구가 지금보다 더 뜨거울 때도 있었대.

바로 공룡 시대였지. 티라노사우루스가 쿵쿵!

그랬다더라. 그때는 북극에 야자수가 울창하고 악어 조상이 거기서 신나게 헤엄을 쳤겠지?

지구가 꽁꽁 얼어붙었던 때도 있었어. 바로 빙하기였지.
매머드가 쿵쿵!
그때 지구는 우주에서 보면 요구르트 맛 아이스크림처럼 하얗게 보였을 거래. 그걸 스노우볼 지구라고 부르더라.

그럼 수십억 년 동안 지구 온도가 올라갔다 내려갔다 한 거네? 왜 그랬지? 어지럽게?

다 이유가 있었겠지. 지금 지구가 뜨거워지는 것도 이유가 있겠고.

오, 이유만 알면 답도 알 수 있는 거잖아? 원인을 알면 방법이 보인다! 기후 위기 해결의 실마리가 눈앞에!

근데 왜 뜨거운 지구를 녹아내리는 아이스크림이랑 비교할까? 지구 맛 아이스크림 먹어 보고 싶다. 진짜 맛있을 것 같아.

기후 위기 시대에 꼭 필요한 생존 지식

우리는 앞에서 지구가 계속 뜨거워지는 바람에 심각한 기후 위기가 찾아왔다는 걸 알았어요. 그렇다면 다음 순서는 당연히 왜 지구 온도가 올라가는지, 그 이유를 알아보는 거겠죠? 답을 찾기 위해 우주로 나가 볼까요? 조금 떨어진 곳에서 우리가 사는 지구라는 푸른 행성을 바라보아요.

달걀 껍데기처럼 지구를 얇게 감싸고 있는 것은?

태양의 빛과 열은 우주를 가로질러 지구로 들어와요. 그런데 지구에는 '대기'라고 부르는, 행성 전체를 감싸고 있는 얇은 공기층이 있답니다. 지구가 달걀이라면 공기층은 달걀 껍데기만큼의 두께예요. 이 공기 속에 있는 몇 가지 기체들이 중요해요. 태양이 보내 준 열이 지구를 빠져나가지 못하게 꼭꼭 잡아 두거든요. 바로 온실가스죠.

지구의 온도는 내가 결정해!

맞아요. 지구 온도를 좌우하는 건 바로 온실가스예요. 태양의 변화와 행성의 움직임도 영향을 주지만, 제일 큰 원인은 온실가스예요. 온실가스가 적으면 지구 온도가 내려가고, 온실가스가 많으면 지구 온도가 올라갑니다. 생각보다 정말 간단하죠?

우리는 흔히 온실가스를 '악당 기체'라고 말해요. 지구를 열 오르게 만드니까요. 하지만 만약 공기 속에 온실가스가 없다면, 태양에게 받은 열이 지구 밖으로 몽땅 다 빠져나갈 거예요.

그랬더라면 지구는 온도가 약 영하 18도로 유지되는 몹시 추운 행성이었을 거예요. 온실가스 덕분에 지구는 지금처럼 생명이 살기 좋은 따스한 행성이 되었답니다.

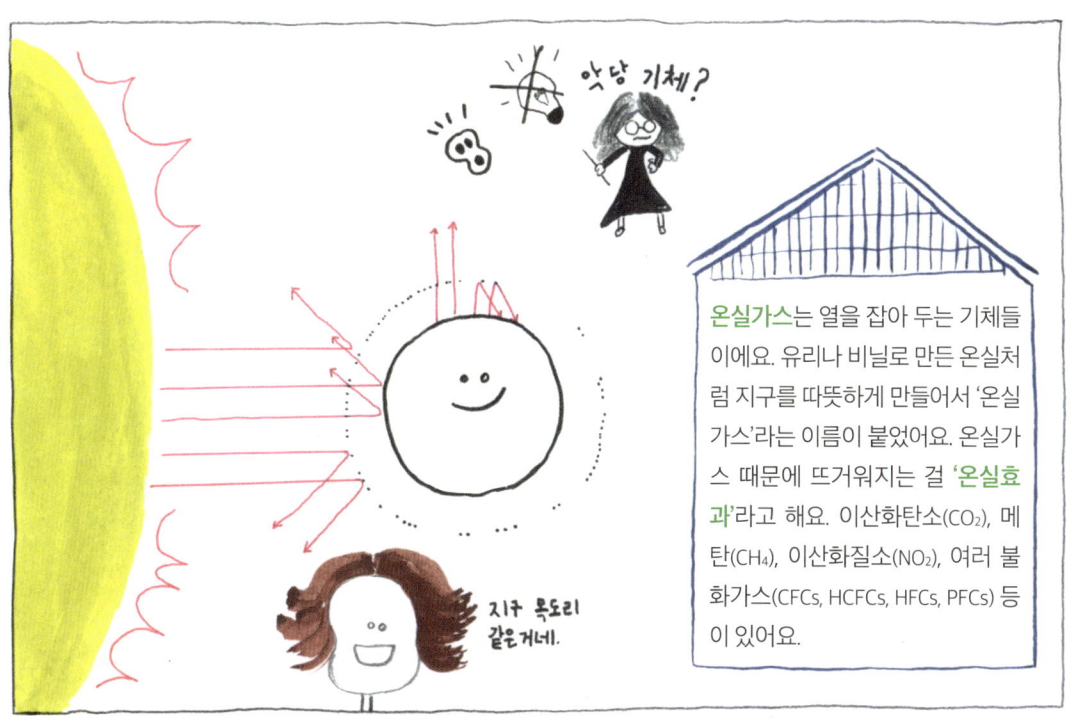

온실가스는 열을 잡아 두는 기체들이에요. 유리나 비닐로 만든 온실처럼 지구를 따뜻하게 만들어서 '온실가스'라는 이름이 붙었어요. 온실가스 때문에 뜨거워지는 걸 **'온실효과'**라고 해요. 이산화탄소(CO_2), 메탄(CH_4), 이산화질소(NO_2), 여러 불화가스(CFCs, HCFCs, HFCs, PFCs) 등이 있어요.

온실가스 팀의 대표 선수, 탄소

온실가스 중에서 지구 온도를 올리는 데 가장 중요한 역할을 하는 건 이산화 탄소랍니다. 우리가 숨 쉴 때 내뿜고, 톡 쏘는 탄산음료에 녹아 있는 기체죠. 기후 위기를 이야기할 때 이산화 탄소를 간단히 탄소라고 부르는데, 이 책에서도 그렇게 부를 거예요.

2억 5천만 년 먼 과거로 가 보자

온실가스가 지구를 뜨겁게 만들고 그중에서도 탄소가 제일 중요하다면, 탄소가 어떻게 지구 온도를 들었다 났다 하는지 살펴볼까요? 그러기 위해 아주 먼 옛날, 2억 5천만 년 전 지구로 가 볼게요. 갑옷 같은 등짝에 다리가 여러 개인 삼엽충들이 우글우글하던 때로요. 그때도 지금처럼 지구에 커다란 기후 위기가 닥쳤었거든요.

그때 (페름기 대폭발 때) 흔적이 바로 초거대 용암 지대인 시베리아 트랩이지.

겉모습

페름기

어마어마한 화산 폭발이 불러온 비극

그때 지구를 뒤흔든 건 엄청난 화산 폭발이었어요. 용암이 끓어오르고 산불이 지구를 휩쓸었다고 하니, 온 세상이 무시무시한 불바다였겠죠? 그때 공기 속으로 탄소가 마구 뿜어져 나와서 지구 온도가 쭉쭉 올라갔대요.

얼마나 올라갔느냐면, 바다 온도는 약 40도, 육지 온도는 약 60도였다고 해요. 미디엄으로 구운 스테이크의 안쪽 온도가 60도이니, 정말이지 살이 다 익어버릴 만큼 뜨거운 온도였던 거예요.

결국 바다 생물의 95퍼센트, 육지 생물의 70퍼센트가 모조리 죽어 버리는 '페름기 대멸종'을 맞고 말았죠.

안쪽 모습

탄소가 뿡뿡? 지구에는 빨간불!

그래요. 공기 중에 탄소가 많이 뿜어져 나올수록 지구는 뜨거워져요. 지구가 뜨거워지면 심각한 기후 위기가 닥치고요. 원래 공기 속의 탄소는 늘 안정적으로 있었어요. 식물이 광합성으로 영양분을 만들 때 탄소가 식물 속으로 들어가고, 그걸 동물이 먹으면 동물 몸속에도 탄소가 쌓이죠.

균형이 깨지고 있어

탄소는 바다에도 녹아들고 땅과 바위에도 스며들어요. 그렇게 탄소는 온 세상을 돌아다녀요. 만약 지구가 평화로우면 그 속의 탄소도 공기 속에 늘 일정한 농도로 머무르죠. 하지만 엄청난 화산 폭발이나 소행성 충돌 같은 큰 사건이 일어나면 탄소량의 균형이 깨져 버려요.

지구 시스템에 문제가 발생했다!

우리 몸은 뼈와 근육, 뇌와 심장, 소화와 호흡 기관이 서로 사이좋게 영향을 주고받아요. 함께 움직이는 하나의 체제죠. 지구도 마찬가지예요. 땅과 바다, 공기와 모든 생물이 톱니바퀴처럼 맞물린 커다란 체제죠.

다행히 지난 수십만 년 동안 지구는 평화로웠어요. 그런데 그만 우리 인간들 때문에 탄소량이 요동치기 시작했어요. 지구 시스템에 빨간 불이 들어온 거예요.

과학자들은 "지금 지구 시스템은 화난 짐승이고, 인간은 그를 막대기로 찌르고 있다."라고 말해요. 어쩌다 이런 일이 일어났을까요?

산업 혁명이 일어나자 달라진 것들

모든 것은 주전자 뚜껑에서 비롯되었죠. 물이 끓으면 꽉 닫힌 뚜껑도 들썩거릴 만큼 큰 힘이 생기잖아요? 그 힘으로 기계와 기차를 움직이는 증기 기관이 탄생했거든요. 드디어 산업 혁명이 일어난 거예요.

원래 인간은 가축의 도움을 받아 농사를 짓고, 나무를 때서 밥을 짓고, 직접 손으로 옷과 물건을 만들며 소박하게 살아왔어요. 그때까지 인간은 지구에 큰 영향을 끼치지 않았죠. 하지만 약 250년 전 산업 혁명으로 모든 것이 달라지기 시작했어요.

사실 주전자 뚜껑은 중요하지 않아요. 뚜껑은 천 년 전에도 인간의 부엌에서 들썩거리고 있었으니까요. 긴 시간 동안 수많은 사람의 발명과 발견이 쌓이고 또 쌓인 덕분에, 제임스 와트가 최신형 증기 기관을 만들 수 있었던 것뿐이에요.

힘센 에너지를 찾아라

그런데 나무를 태워서는 애써 만든 증기 기관을 움직일 만큼 큰 힘을 얻을 수 없었어요. 그래서 힘센 에너지를 얻기 위해 땅속에 잠자던 화석 연료에 손을 뻗었죠.

화석 연료는 석탄, 석유, 천연가스를 말해요. 아주 먼 옛날 여러 생명체들이 죽어 땅속에 묻히고, 오랫동안 높은 압력과 열을 받아 만들어졌어요.

땅속 탄소 통조림, 화석 연료를 꺼내다

식물과 동물의 몸속에는 탄소가 많아요. 그러니까 당연히 화석 연료 속에도 탄소가 아주 듬뿍 들어 있겠죠?

광산에서 캐낸 석탄을 태우자, 증기 기관은 기다란 연기를 뿜으며 힘차게 움직이기 시작했어요. 그리고 석탄 속에 갇혀 있던 탄소도 공기 속으로 스멀스멀 뿜어져 나오기 시작했지요.

빛을 만든 것도 인간, 그림자를 만든 것도 인간

 인간은 마음껏 석탄을 꺼내 썼고, 곧이어 석유와 천연가스도 물 쓰듯 쓰기 시작했어요.

 과학과 기술은 점점 더 발달했고, 세상은 빛의 속도로 바뀌기 시작했죠. 화석 연료를 태운 에너지로 공장을 돌려 산더미 같은 물건을 만들어 냈고, 도시를 넓히고 열심히 자동차와 비행기와 기차를 움직였죠.

 우리의 삶은 점점 편리하고 풍요로워졌어요. 100층이 넘는 건물을 짓고 로봇에게 일을 시키고 우주를 탐사하는 게 어렵지 않을 만큼 말이에요.

 그러는 동안 화석 연료 속에 갇혀 있던 탄소도 인간만큼 쉬지 않고 공기 속으로 뿜어져 나왔어요. 봉인이 해제된 탄소는 슬슬 지구의 온도를 올렸고요. 불행히도 인간은 그 사실을 너무 늦게 알아차리고 말았죠.

때문에, 때문에, 때문에

여러분도 이제 알아차렸나요? 지구를 위기에 빠트린 범인을 말이에요.
지금껏 했던 이야기를 되짚어 봐요.

산불, 태풍, 가뭄, 폭우, 불볕더위, 한파처럼 지구를 뒤흔드는 기후 위기가 찾아왔다.

기후 위기가 찾아온 건 지구 온도가 올라 지구가 뜨거워졌기 때문이다.

지구가 뜨거워진 건 온실가스인 탄소 농도가 높아졌기 때문이다.

탄소 농도가 높아진 건 산업 혁명 후부터 사람들이 화석 연료를 아주 많이 쓰기 시작했기 때문이다.

이제부터 무엇을 하면 될까?

지구가 위기에 빠진 건, 인간이 화석 연료를 태워 탄소를 뿜어내게 해 지구가 뜨거워졌기 때문이에요. 그렇다면 화석 연료를 더 이상 쓰지 않고, 탄소를 더 이상 배출하지 않으면 되잖아요? 정말이지 답이 아주 간단하고 확실하죠.

그런데 이상해요. 이렇게 확실한 정답이 있는데 지구는 왜 계속 아픈 걸까요? 무슨 일이든 해결책이 단순할수록 풀이 과정은 복잡한 법이죠. 다음 장에서 그 이유를 파헤쳐 볼까요?

숫자와 그래프 속에 숨은 기후 위기를 찾아라!

1. 지구 온도는 모든 곳이 일률적으로 똑같이 오르나요?

색깔로 뜨거움을 보여 주는 지구 지도를 살펴봐요.

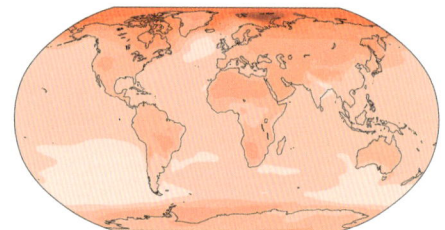
1.5℃ 올랐을 때

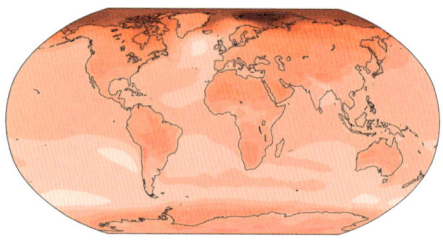
2℃ 올랐을 때

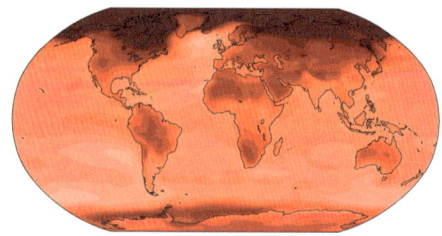
4℃ 올랐을 때

지구의 온도는 모든 곳이 똑같이 오르지 않아요. 더 높이 오르는 곳이 있지요. 특히 북극과 남극은 평균보다 더 높이 올라가요. 그러면 빙하가 훨씬 더 빠르게 녹아 해수면도 가파르게 상승해 육지가 물에 잠겨요.

2. 정말로 탄소 때문에 지구가 뜨거워지나요?

탄소 배출량과 온도 변화 그래프를 비교해 보면 알아요.

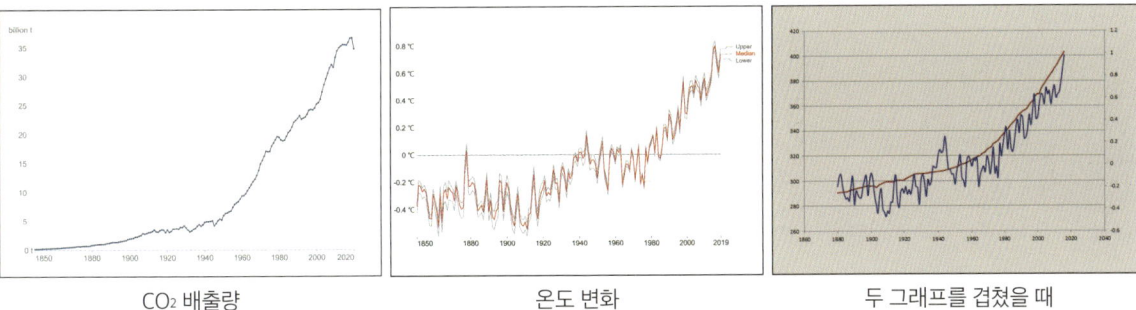

CO_2 배출량   온도 변화   두 그래프를 겹쳤을 때

두 개의 그래프 모양이 아주 비슷하죠? 두 그래프를 겹쳐 보면 더 확실해요. 그래서 탄소 때문에 지구 온도가 올라갔다는 걸 누구나 알아볼 수 있어요.

3. 정말로 인간 때문에 지구가 뜨거워졌나요?

자연적인 원인과 인위적인 원인을 비교해 보면 알아요.

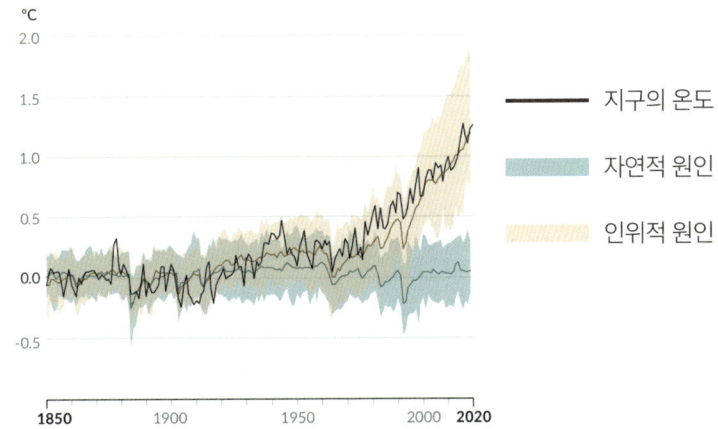

하늘색 부분은 **자연적인 원인**(태양의 흑점 활동, 화산 폭발, 지구의 자전축과 공전 궤도)만 있을 때 지구의 온도예요. **연갈색 부분**은 인간이 온실가스를 배출하고 숲을 망가뜨릴 때 **지구의 온도**예요. **까만 선**은 실제로 관측한 지구의 온도죠. 까만 선과 연갈색 부분이 똑같죠? 그래서 인간 때문에 지구 온도가 올라갔다는 걸 알 수 있어요. 만약 인간이 아니었다면 지구 온도는 하늘색 부분처럼 평화롭게 유지됐겠죠.

석유, 석탄, 천연가스 같은
화석 연료를 마구 썼기 때문에
탄소가 뿡뿡 쏟아져 나오고
탄소 때문에 지구가 뜨거워지고 빙하가 녹아요.
산불과 태풍이 몰아치고 불쌍한 동물들이 고통받고
수많은 사람이 죽고 다치고 집을 잃는데,
왜 지금 당장 화석 연료를 버리지 못할까요?
만약 화석 연료를 완전히 몰아내면 어떻게 될까요?
혹시 공장도 기계도 멈추고, 전기도 끊기고, 자동차도 멈춰
인간은 다시 원시인처럼 살게 되는 걸까요?

3

빨간 지구를 파랗게 만들기 위해 어린이가 꼭 알아야 할 것들은?

화석 연료에 둘러싸인 삶

빨간 지구를 파랗게 만들기 위한 답은 벌써 나왔어요. 지구를 뜨겁게 만드는 탄소를 더 이상 뿜어내지 않기 위해 화석 연료를 그만 쓰는 것!

하지만 그게 생각보다 쉽지 않아요. 우리의 하루를 떠올려 볼까요? 아침에 일어나 플라스틱으로 덮개를 만든 변기에서 볼일을 봤죠? 플라스틱은 화석 연료인 석유와 석탄에서 뽑아낸 원료로 만들죠.

휴지는 어떨까요? 나무로 만들었으니 화석 연료와 상관없을까요? 아니에요. 전기톱으로 나무를 자를 때, 트럭으로 나무를 옮길 때, 공장에서 휴지를 만들 때, 화석 연료를 에너지로 써요.

혹시 플라스틱 칫솔로 이를 닦았나요? 그릇, 학용품, 컴퓨터, 의자 등등 화석 연료로 만든 플라스틱은 우리의 눈이 닿는 모든 곳에 있네요.

아침부터 저녁까지, 머리부터 발끝까지

아침에 밥과 김치를 먹었나요? 쌀과 배추를 기르려면 화석 연료가 필요해요. 농기계나 트럭을 움직이려면 휘발유가 필요하고, 비료와 농약을 만드는 데도 화석 연료에서 뽑아낸 물질이 필요하거든요.

옷을 입었다고요? 옷감이 석유에서 뽑아낸 합성섬유네요. 면 티셔츠를 입었다면, 목화를 기르기 위해 화석 연료를 사용했겠죠.

버스를 탔나요? 휘발유를 썼네요. 저런, 버스의 플라스틱 손잡이를 잡았군요. 자전거를 탔다고요? 휘발유를 쓰진 않았지만 자전거를 만들 때 공장에서 화석 연료를 썼겠죠. 도로에 깔린 아스팔트는 화석 연료 찌꺼기로 만들었어요.

밤에 자려고 누웠나요? 침대와 이불을 만드는 데도 틀림없이 화석 연료가 쓰였겠죠?

포기하지만 않으면 돼

우리의 생활 구석구석에 화석 연료가 다 쓰이죠? 그러다 보니 화석 연료를 몰아내는 게 정말 보통 일이 아니랍니다.

옛날 사람들은 석탄과 석유를 '마법의 물질'이라고 믿었다는데, 정말 그랬을 것 같아요. 그래도 화석 연료 줄이기를 포기하면 안 돼요. 왜냐하면 여기에 우리의 미래가 달려 있으니까요.

석유와 석탄은 황금알일까, 악마의 돌일까?

화석 연료를 몰아낼 방법을 찾기 위해 일상생활을 잘 살펴보면, 우리가 화석 연료를 두 방식으로 쓴다는 것을 알 수 있어요. 플라스틱이나 옷감처럼 재료로 쓰거나, 휘발유처럼 에너지를 내는 연료로 쓰죠. 당연히 재료로 쓸 때보다 연료로 쓸 때 탄소가 더 많이 나와요. 연료로 쓰려면 활활 태워야 하니까요.

탄소 배출 vs 탄소 흡수

맞아요. 사실 중요한 건 '탄소'예요. 이번에는 화석 연료가 아니라 탄소를 가운데 놓고 생각해 볼까요? 기후 재앙을 피하려면 인간은 더 이상 공기 속에 탄소를 뿜어내선 안 되죠.

탄소를 빠르게, 또 많이 팍팍 줄이려면 어떻게 해야 할까요? 우리가 언제 탄소를 가장 많이 뿜는지 알아보면 되겠죠?

내 방귀가 지구를 위협한다고?

탄소를 뿜어내는 걸 '배출한다'라고 말해요. 배출은 안에서 밖으로 무언가를 내보내는 일이죠. 트림과 방귀처럼 말이에요.

진짜로 소의 방귀는 엄청난 탄소를 배출한답니다. 소 네 마리가 방귀를 뀌면 자동차 1대만큼이나 탄소를 배출하죠. 자, 누가 탄소를 가장 많이 배출하는지 살펴볼까요?

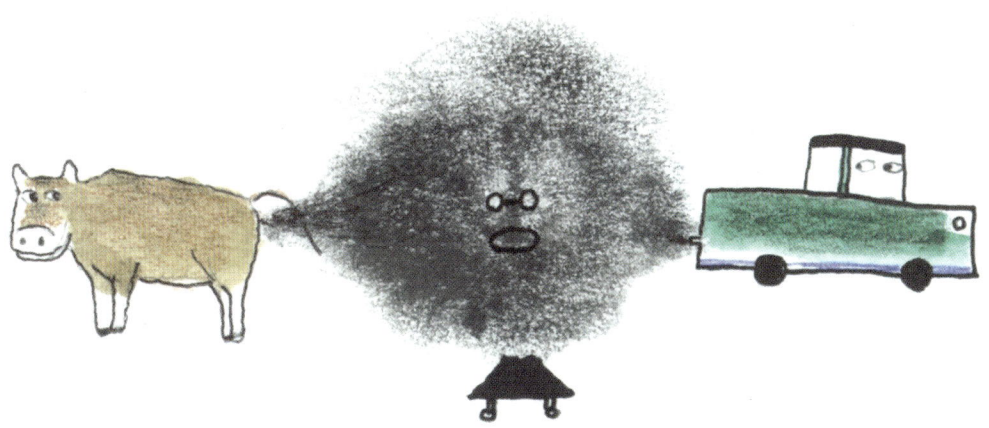

탄소, 어디서 얼마나 펑펑 나올까?

우리는 공장에서 기계를 돌리고 물건을 만들 때 가장 많이 탄소를 배출해요. 식량을 생산할 때도 탄소를 많이 배출하죠. 자동차와 배와 비행기를 타고 어딘가로 갈 때도 탄소를 배출해요. 추워서 보일러를 틀어 난방하고, 더워서 에어컨을 틀어 냉방 할 때도 탄소를 배출하고요.

당연한 일이에요. 우리가 무슨 일을 하든 에너지가 꼭 필요하니까요. 그래서 화석 연료를 태워 에너지를 얻고, 그러면서 탄소가 펑펑 나오죠.

만약 탄소를 배출하지 않는 다른 에너지가 있다면, 지구가 더 이상 뜨거워지지 않겠죠? 놀랍게도 우리는 이미 그런 에너지를 알고 있고, 지금도 아주 잘 쓰고 있어요. 바로 전기 에너지!

스테이크 한 조각이면 자동차가 서울에서 대구 갈 때만큼의 탄소 배출량과 똑같대.

입맛 떨어졌어.

좋아, 전기가 찌릿찌릿!

전기는 정말 편리하고 깨끗하고 탄소도 배출하지 않아요. 버스가 뿜는 탄소가 100이라면, 전기로 움직이는 지하철이 뿜는 탄소는 5.5밖에 안 돼요. 사람을 훨씬 더 많이 태우는데도 말이에요.

만약 모두가 전기 자동차를 몰고, 모든 공장이 전기로 기계를 돌린다면 탄소가 확 줄어들 거예요.

벗어날 수 없는 뫼비우스의 띠라고?

그런데 불행히도 큰 문제가 있어요. 바로 우리가 전기를 얻는 방법이랍니다. 우리는 대부분의 전기를 화석 연료를 태워 얻거든요.

우리나라는 물론 전 세계 전기의 3분의 2가 석탄이나 천연가스를 태우는 화력 발전소에서 만들어져요. 전기는 탄소를 배출하지 않지만 전기를 만들려고 탄소를 배출한다면, 전기 자동차를 타고, 전기 비행기를 개발하는 게 다 무슨 소용이 있겠어요? 우리는 다른 방법을 찾아야만 해요.

탄소를 뿜지 않는 깨끗한 초록 연료를 찾아라

다행히 우리는 전기를 얻는 다른 방법을 알고 있어요. 바로 태양과 바람의 힘으로 움직이는 발전소를 짓는 거죠.

태양과 바람은 우리가 아무것도 하지 않아도 얻을 수 있어요. 아무것도 안 하니까 탄소도 안 나와요. 그래서 태양광 발전소나 풍력 발전소에서 전기를 만들면 탄소가 거의 배출되지 않아요. 물론 발전소를 짓고 운영할 때는 탄소를 뿜지만요.

만약 화석 연료에서 얻던 에너지를 모두 태양광 에너지나 풍력 에너지로 바꿀 수 있다면 어떨까요? 화석 연료 → 탄소 배출 → 뜨거워지는 지구 → 기후 위기로 이어지는 나쁜 고리를 뚝 끊을 수 있겠죠? 지구에 닥친 위기를 깔끔하게 해결할 희망이 보이네요.

써도 써도 줄지 않는 에너지

　태양과 바람에서 얻는 에너지를 신재생 에너지라고 해요. '재생'은 망가진 걸 되살리거나 상처 난 곳에 새살이 돋는 것처럼 다시 원래대로 회복되는 걸 말해요. 태양과 바람은 우리가 아무리 많이 써도 언제나 다시 비추고 다시 불어오잖아요?

　그래서 햇빛인 태양광, 바람인 풍력, 파도인 파력, 밀물과 썰물의 차이인 조력, 화산이나 온천 근처 땅의 뜨거움인 지열에서 얻는 에너지에 '신재생 에너지'라는 이름을 붙여 주었답니다.

　무언가를 바꾸는 걸 '전환'이라고 해요. 지금 전 세계는 화석 에너지에서 신재생 에너지로 '에너지 전환'을 이루려 노력하고 있어요. 초록 에너지로 지구를 살리는 거죠.

신재생 에너지는 옛날부터 조금씩 사용하던 재생 에너지에 '너희가 화석 연료를 대신할 희망찬 새로운 에너지다.'라는 뜻을 담아 '새로울 신(新)' 자를 더해 만든 이름이에요.

들어 봤어? 탄소 중립!

자, 이젠 정말 확실히 알게 됐죠? 지구가 더 뜨거워지는 걸 막으려면 탄소를 뿜지 말아야 한다는 사실을요.

그런데 문제가 있어요. 에너지 전환은 시간이 걸려요. 새로운 발전소를 짓고, 단점을 극복해 더 좋은 기술을 개발해야 하거든요.

그럼 그때까지 아무것도 하지 말고 가만히 있을까요? 그래도 탄소가 나와요. 왜냐면 우리는 숨만 쉬고 방귀만 뀌어도 탄소를 배출해요. 지구 위에서 살아가며 탄소를 하나도 배출하지 않는 건 불가능하죠.

다행히 지구는 탄소를 흡수해요. 땅과 암석과 바다, 그리고 풀과 나무와 온갖 식물들 속으로요. 그래서 우리는 지구가 흡수하는 양만큼 탄소를 뿜어도 괜찮아요. 이렇게 배출량과 흡수량이 똑같은 상태를 '탄소 중립'이라고 해요.

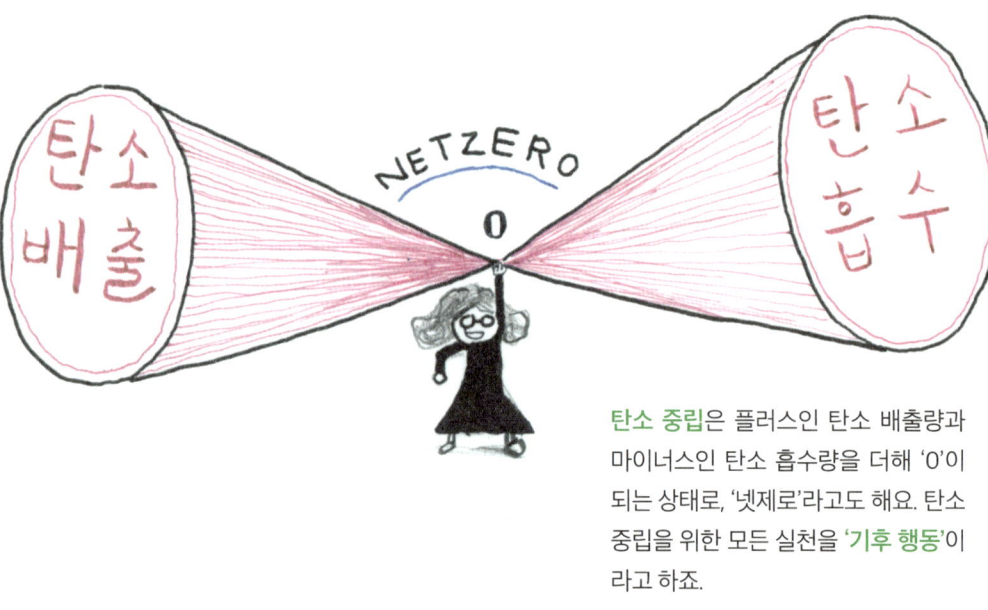

탄소 중립은 플러스인 탄소 배출량과 마이너스인 탄소 흡수량을 더해 '0'이 되는 상태로, '넷제로'라고도 해요. 탄소 중립을 위한 모든 실천을 '기후 행동'이라고 하죠.

숲 대신 고기와 라면이라니

  탄소 중립을 이루면 공기 속에 탄소량이 늘지 않아, 지구는 더 이상 뜨거워지지 않아요. 슬기로운 탄소 중립 계획이 꼭 필요하겠죠?

  배출량을 줄이는 건 힘드니까, 지구가 탄소를 더 많이 흡수하게 만들면 어떨까요? 나무를 많이 심으면 심을수록 숲이 탄소를 흡흡 빨아들이니, 너무 좋은 방법이죠?

  반대로 나무를 베어 내는 건 무조건 말려야 해요. 그런데 소를 기르고 소먹이를 기르느라 울창한 열대 우림 숲이 파괴되고 있어요.

  라면과 과자를 튀기고 초콜릿 잼을 만드는 데 필요한 팜유를 얻으려고 숲을 파괴하기도 해요. 나무를 싹 다 밀어 버리고 그 자리에 기름야자나무를 심는 거죠. 지구를 위해 고기도 라면도 조금씩 덜 먹어 볼까요?

탄소를 콕콕 잡아내서 포집해 볼까?

탄소 흡수를 지구에만 맡기지 않고 인간이 직접 탄소를 잡아 없애 버리는 방법도 있어요. 바로 공기 속 탄소를 콕콕 집어 포집하는 기술이죠.

아래 그림을 보세요. 선풍기 여러 개를 합친 모양으로 생긴 장치가 공기를 빨아들이기 때문에 '인공 나무'라고도 불려요. 특수 장치로 공기 속에서 분리한 탄소를 돌처럼 만들어 땅속 깊은 곳 암석층에 묻어 버리죠. 포집한 탄소로 드라이아이스나 화학 제품을 만들고, 심지어 다이아몬드를 만드는 기술도 성공했어요. 다이아몬드라니! 멋지지 않나요?

이처럼 탄소를 줄이고 없애는 기술을 개발하는 일에 전 세계의 수많은 과학자, 투자자, 전문가들이 뛰어들고 있답니다. 이 책을 읽는 여러분도 그중 한 사람이 될지 모르죠.

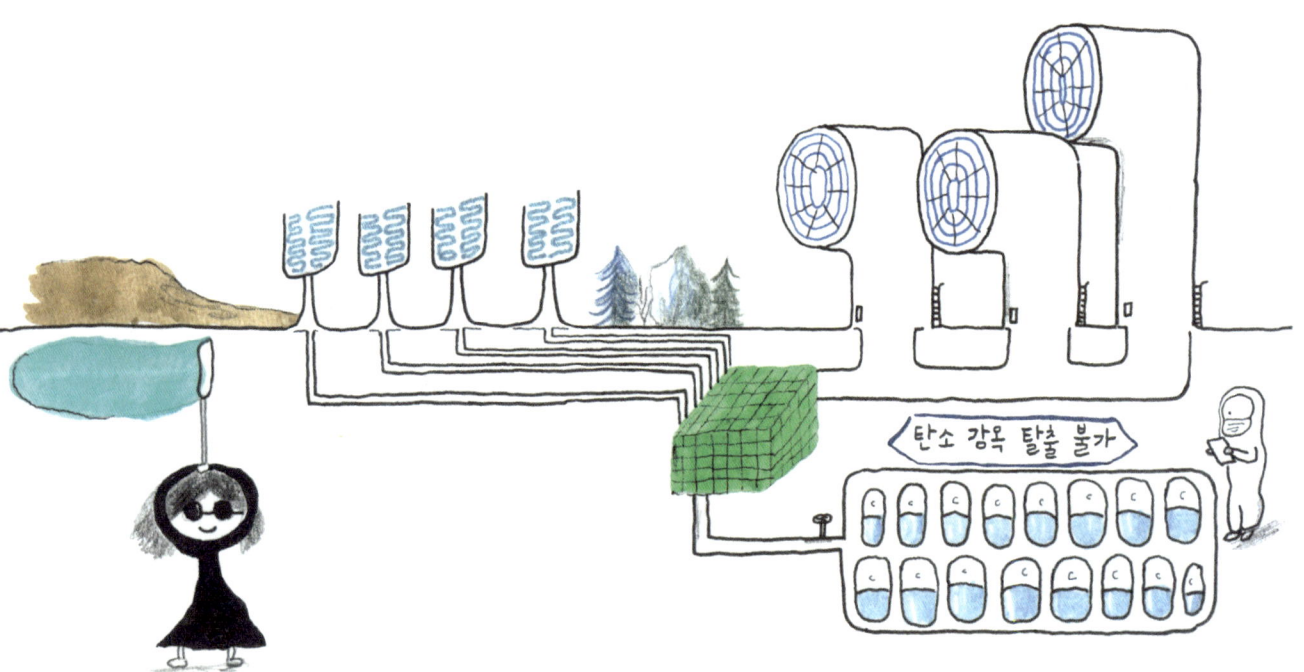

모든 걸 멈출 순 없으니까

하지만 이 방법은 아직 개발 중이라서 돈도 많이 들고 시간도 오래 걸려요. 흡수량을 늘리는 것보다는 배출량을 줄이는 게 빠르고 효과도 더 확실하죠.

그렇다고 공장과 기계를 멈추고, 비행기와 자동차도 멈추고, 에어컨도 전부 다 끄기는 힘들어요. 물론 모든 걸 버리고 정말 소박한 삶을 살며 자연으로 돌아가자는 사람도 있어요. 무척 훌륭한 태도지만, 모두가 따라 하기엔 정말 큰 결심이 필요해요.

잽, 잽 잽을 날려

지금 당장 모든 것을 바꿀 수는 없다면, 기후 위기에 잽을 날려 봐요. 스마트폰도 덜 쓰고 치킨도 덜 먹는 거죠. 일회용품을 안 쓰고, 플라스틱을 줄이고, 쓰레기를 분리 수거하는 우리의 '작은' 실천은 권투의 잽과 같아요. 힘은 약해도 가볍고 빠른, 끝없는 펀치는 상대를 지치게 만들거든요.

지구를 위해 강력 펀치를 날릴 시간

하지만 잽만으로는 절대 적을 쓰러뜨릴 수 없습니다. 정부와 기업이 나서서 법을 만들고, 정책을 바꾸고, 공장과 발전소를 바꾸는, 강력 펀치가 필요합니다. 그래야 개인의 작은 실천이 헛되지 않아요.

그런 이유로 지금 전 세계의 많은 시민들이 지구를 살리려는 정치인에게 표를 주고, 친환경 기업의 물건과 주식을 사고 있어요. 어른들이 강력 펀치를 날리도록 어린이도 목소리를 내야 합니다.

혹시 지구를 위한 작은 실천이 귀찮아질 때면 생각하세요. 나 혼자만의 행동이 세상을 구할 수는 없지만 백 명, 천 명, 만 명의 행동은 이 세상을 구할 수 있다는 것을.

너와 나의 지구를 위한 탄소 중립 대작전

탄소 중립 대작전 1단계 : 알뜰살뜰 에너지 절약

정부와 기업은 화석 연료를 신재생 에너지로 바꾸고
에너지를 아껴 주는 제품을 더 많이
개발하고 만들어야 해요.
우리는 무엇을 할까요?

3. 냉장고를 똑똑하게 사용해요
- ☐ 냉장실은 60%만 여유 있게, 냉동실은 꽉 채우기
- ☐ 냉장고 속 음식을 메모해 문 여닫는 횟수 줄이기
- ☐ 냉장고는 벽과 거리를 두고 설치하기

2. 디지털 탄소 발자국을 줄여요
- ☐ 스마트폰, TV, 컴퓨터 사용 시간을 줄이기
- ☐ 동영상은 스트리밍보다 내려받아 시청하기
- ☐ 필요 없는 메일, 사진, 문자, 스팸 광고는 삭제하기

** 인터넷과 연결된 데이터 센터 건물은 저장한 데이터가
많을수록 전기를 많이 잡아 먹어요.

1. 여름엔 조금만 덜 시원하게, 겨울엔 조금만 덜 따뜻하게
- ☐ 난방 온도 2도 낮추고 냉방 온도 2도 높이기
- ☐ 여름엔 26도, 겨울엔 20도, 적정 온도 기억하기
- ☐ 에어컨과 선풍기를 바람 방향이 같게 함께 사용하기
- ☐ 추울 땐 내복을 입고 담요와 수면 양말을 가까이
- ☐ 창문에는 그린 커튼을, 지붕에는 옥상 텃밭을!

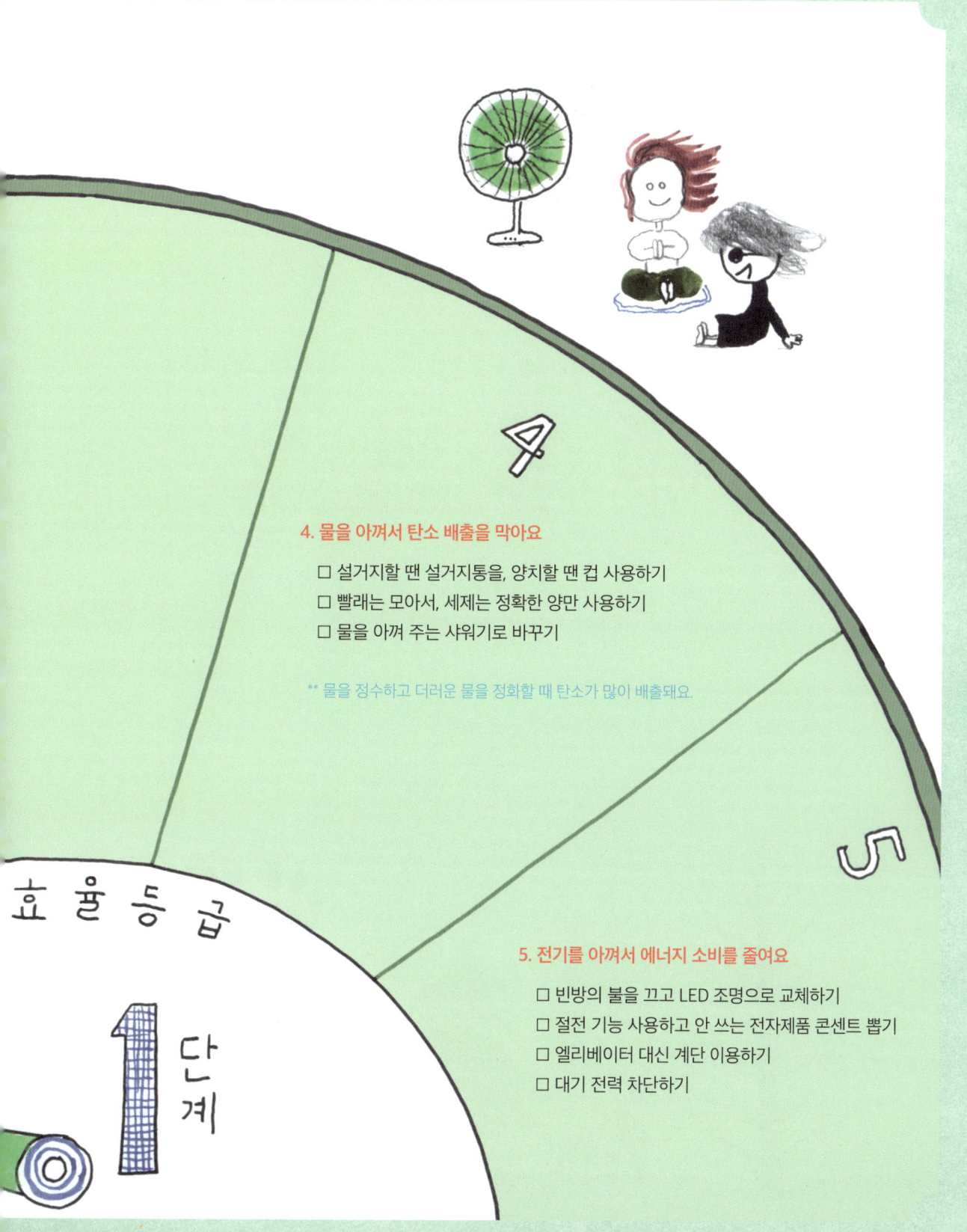

4. 물을 아껴서 탄소 배출을 막아요

☐ 설거지할 땐 설거지통을, 양치할 땐 컵 사용하기
☐ 빨래는 모아서, 세제는 정확한 양만 사용하기
☐ 물을 아껴 주는 샤워기로 바꾸기

** 물을 정수하고 더러운 물을 정화할 때 탄소가 많이 배출돼요.

5. 전기를 아껴서 에너지 소비를 줄여요

☐ 빈방의 불을 끄고 LED 조명으로 교체하기
☐ 절전 기능 사용하고 안 쓰는 전자제품 콘센트 뽑기
☐ 엘리베이터 대신 계단 이용하기
☐ 대기 전력 차단하기

탄소 중립 대작전 2단계 : 착한 소비

정부와 기업은 경제와 산업 시스템을 고탄소에서 저탄소로 바꾸고 지구와 생태계를 살리는 물건을 만들어야 해요.
우리는 무엇을 할까요?

1. 탄소 발자국을 줄인 물건을 사요

☐ 품질이 좋고 오래 쓸 수 있는 물건을 사요.
☐ 물건을 살 때 탄소 발자국과 저탄소 인증 마크를 확인하고 사요.

탄소 배출량 인증(1단계)　저탄소 제품 인증(2단계)　탄소 중립 제품 인증(3단계)

* 탄소 발자국은 걸어가는 길에 발자국이 남는 것처럼, 우리가 살면서 탄소를 내뿜어 지구에 남기는 모든 흔적을 말해요. 물건을 만들고 배달하고 쓰고 버리는 모든 과정에서도 탄소가 배출되기 때문에, 얼마만큼이나 배출되는지를 탄소 발자국으로 표시해요.

2. 과대 포장 제품은 사지 않아요

☐ 내용물보다 포장에 더 신경을 쓴 물건은 사지 않아요.
☐ 세제나 샴푸, 화장품은 리필용 제품으로 사요.
☐ 샴푸 비누나 씹는 치약처럼 플라스틱 사용을 줄인 제품을 써요.

3. 다시 쓰고 나눠 쓸 수 있는 물건을 사요

☐ 페트병으로 만든 옷처럼 재활용 원료로 만든 제품을 사요.
☐ 라벨을 확인해 재활용이 쉬운 물건을 사요.
☐ 여러 가지 재료를 사용해 분리배출이 어려운 물건은 사지 않아요.
☐ 안 쓰는 물건은 이웃과 나누거나 중고 거래를 하거나 기부해요.

4. 음식물 쓰레기를 줄이고 로컬 푸드를 사요

☐ 재료를 기르고 보관하는 데 탄소를 적게 쓰는 제철 음식을 먹어요.
☐ 재료를 이동하는 거리가 짧은 우리나라 식자재를 사요.
☐ 가까운 곳에서 기르고 만든 지역 먹거리를 먹어요.
☐ 집에서 텃밭과 화분에 채소를 직접 키워 먹어요.

기후 변화가 심각하지 않다는 사람들이 많아요.
늑대가 나타났다고 거짓말하는 양치기 소년 알죠?
지구는 아직 큰 문제가 없다고,
'기후 양치기'처럼 지구가 위기라고 협박하지 말래요.
반대로 지구가 곧 멸망한다는 사람들도 있어요.
2030년이나 늦어도 2050년에
인류가 멸종한다고, 우린 끝장이라고 말해요.
누구 말이 맞을까요?
혹시 나만의 답이 있나요?

4

우린 지구를 사랑해
그러니까 우린
지구를 구할 수 있어

그거 알아? 사실 지구는 평평하고, 인간은 달에 가지 않았고, 코로나바이러스는 세계를 정복하기 위해 만든 비밀 생물학 무기였어!

음모론에서 그만 좀 빠져나와. 그런 데 자꾸 빠지면 비둘기만 봐도 의심해. 기후 재앙을 대비해 정부가 키우는 비상식량이라고.

악, 정말이야? 어쩐지 비둘기가 너무 다 통통하더라. 그럼 기후 변화 음모론도 알아? 기후 위기는 정부 지원금 받으려는 사람들이랑 신재생 에너지 회사를 차려서 돈 벌려는 사람들이 퍼뜨리는 거짓말이야!

정신 차려! 탄소 잔뜩 배출하는 석유 회사들이 그 음모론 널리 퍼뜨리라고 뒷돈을 대 준 게 전부 다 밝혀졌거든.

음모론

그렇구나. 근데 왜 이렇게 음모론에 자꾸 귀가 솔깃하지?

그건 일단 재밌고, 진짜랑 가짜가 교묘하게 섞여 있어서 그래. 우리 제발 음모론 말고 과학을 믿자. 이 사진을 좀 봐. 1996년과 2020년의 명왕성 사진이야. 20년 동안 얼마나 선명해졌어. 이렇게 과학은 계속 발전하고, 인간은 계속 더 나은 답을 찾아가고 있다고.

아! 그러니까 정확한 과학 정보를 근거로 답을 찾는 거구나! 합리적이네.

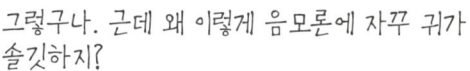
1996년 명왕성 관측 2020년 명왕성 관측

그러네. 근데 이 사진을 보니깐 왠지 서른한 가지 맛 아이스크림이 갑자기 먹고 싶어졌어. 혹시 이 사진도 그 아이스크림 회사가 퍼뜨린…!

정신 차리라니까!

근데 나도 먹어 보고 싶다. 지구 맛, 화성 맛, 목성 맛도!

이대로 어른이 돼 보지도 못하고 지구가 망한다고?

　기후 위기로 인류가 곧 멸종한다는 이야기를 들어본 적 있을 거예요. 정말일까요? 이대로 어른이 돼 보지도 못하고 지구가 망한다니, 너무하다는 생각이 들죠? 왠지 불안하기도 하고요.
　여러분만 그런 건 아니에요. 2020년에 영국에서 조사해 봤더니 어린이 5명 중 1명이 기후 위기 악몽을 꾼 적이 있다고 해요.

뭐라고? 기후 위기가 심각하지 않다고?

　지나친 걱정 반대쪽에는 걱정은커녕 기후 위기가 하나도 심각하지 않다고 말하는 사람들이 있어요. 위기를 부풀리지 말라고, 굳이 공장과 발전소를 친환경 방식으로 다 뜯어고칠 필요 없다고 해요. 그러다 경제가 더 나빠지면 누가 책임질 거냐고 화를 내죠.

괜찮아, 우린 잘하고 있어!

　서로 싸우는 모습이 눈을 가린 생쥐들 같다는 사람도 있어요. 코끼리를 더듬거리며 자기 말이 맞다고 우기는 거죠.
　그래도 너무 걱정하지 마세요. 지구가 지금보다 좀 더 뜨거워지고, 기후 재난도 좀 더 심해지겠지만, 인간이 그렇게 금방 이 지구에서 사라지진 않을 거예요.
　왜냐하면 우리는 그동안 계속 노력해 왔고, 앞으로는 더 열심히 노력할 거니까요. 지금도 탄소 중립을 위해서 전 세계 수많은 사람이 최선을 다하고 있어요.
　하지만 기후 위기가 심각하지 않다는 사람들이 꼭 알아야 할 게 있어요. 우리가 탄소를 줄이려는 노력을 게을리하는 순간, 정말로 돌이킬 수 없는 위기를 맞게 될지 모른다는 사실이죠.

하얗게 반짝이는 빙하의 비밀

우리에게 지구가 뜨거워진다는 걸 처음 알려 줬던 빙하로 다시 가 볼까요? 빙하는 하얀색이에요. 흰색은 햇빛을 반사해 지구 기온을 낮추죠.

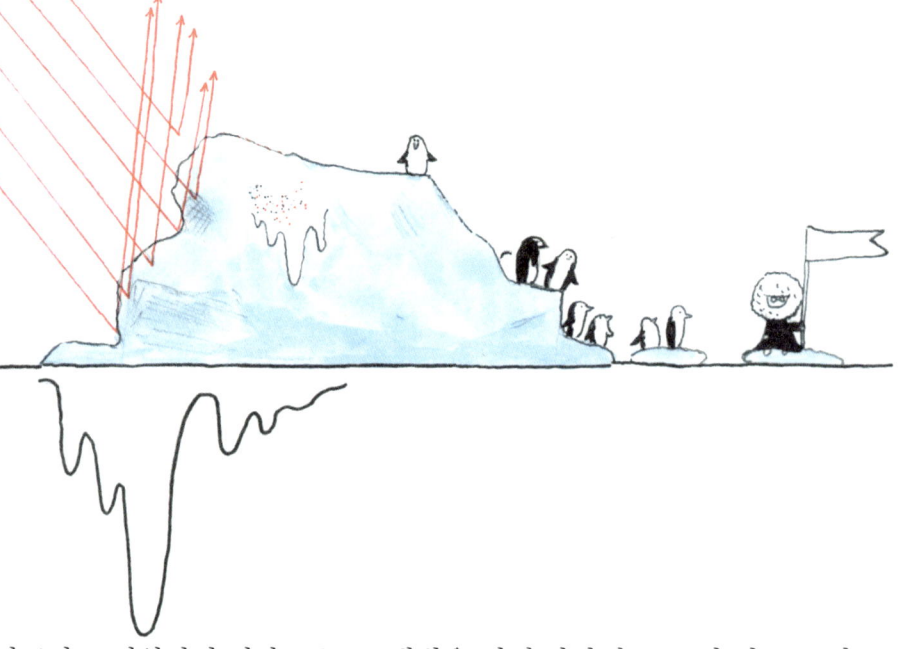

지구가 뜨거워지면 빙하는 녹고, 햇빛을 적게 반사해요. 그럼 지구는 더 뜨거워지고, 빙하는 더 많이 녹고, 햇빛을 더 적게 반사해요. 그럼 다시 지구는 더욱더 뜨거워지고, 빙하는 더욱더 많이 녹고, 햇빛을 더욱더 적게 반사해요. 그럼 다시 지구는 더욱 더욱 더욱 뜨거워지고…….

되먹이고 또 되먹이고

이렇게 계속 꼬리에 꼬리를 물고 빙글빙글 돌며 점점 더 일이 커지는 걸 '되먹임'이라고 해요. 악순환이라고도 하죠. 되먹임은 빙하에서만 일어나지 않아요. 이번엔 숲으로 가 볼까요?

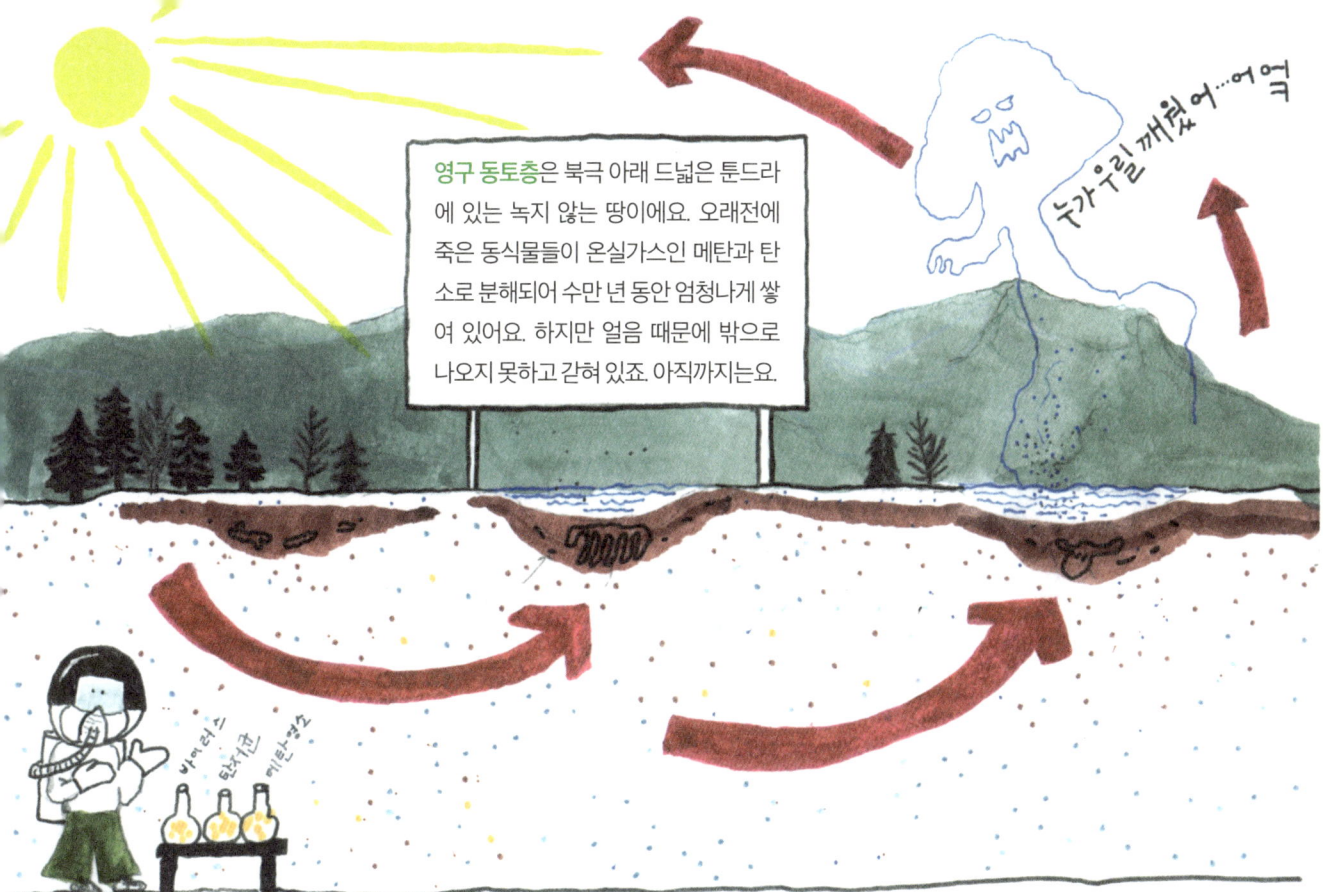

지구가 아주 많이 뜨거워지면 생기는 일

지구가 뜨거워지면 가뭄이 들고 산불이 나요. 산불이 나면 나무 속 탄소가 배출돼요. 그럼 지구가 더 뜨거워지고, 가뭄은 더 심해지고, 산불은 더 세게 발생하고, 탄소는 더 많이 배출돼요. 그럼 다시 지구는 더욱더 뜨거워지고, 가뭄이 더욱더 심해지고, 산불을 더욱더 세게 불타오르고, 탄소는 더욱더 많이 뿜어져 나와요. 그럼 다시 지구는 더욱 더욱 더욱 뜨거워지고…….

그런데 이렇게 지구가 빠르게 몹시 뜨거워지면, 영구 동토층이 녹아요. 그럼 어떻게 될까요? 그 속에 갇혀 있던 어마어마한 메탄가스가 쏟아져 나와요. 메탄가스는 이산화 탄소보다 20배나 센 온실가스예요. 지구는 생명체가 도저히 살 수 없을 만큼 뜨거워지겠죠?

지구는 기다려 주지 않는다

 지구가 계속 뜨거워지면 돌이킬 수 없는 비극이 일어나요. 고무줄을 너무 세게 잡아당기면 툭 끊어지듯, 한 개의 조각을 건드리면 도미노가 우르르 쓰러지듯, 모든 것이 불타올라요.

 그때가 되면 무엇도 지구의 변화를 되돌릴 수 없죠. 지난 46억 년 동안 지구에서는 그렇게 다섯 번이나 생명체의 대멸종이 일어났답니다.

고작 1~2도라고?

 대참사는 지구의 온도가 산업 혁명 전보다 2~3도 넘게 오르면 시작될 수 있어요. 오늘날 지구 온도는 250년 전보다 약 1.2도나 올라서, 더 이상 오르지 않도록 해야 해요. 그런데 많은 사람이 "아니, 고작 1~2도라고? 하루 중 낮과 밤의 일교차도 10도가 넘는데?" 하고 고개를 갸우뚱해요.

북극에서 악어가 헤엄치던 때를 생각해 보자

 하지만 날씨와 기후는 달라요. 매일 변하는 날씨는 10~20도를 오르내려도 되지만, 기후인 지구 평균 온도는 단 0.1도만 올라도 엄청난 변화가 일어나죠.

 수억 년 전 공룡이 등장하기 시작했던 무렵, 지구는 꽤 뜨거워서 북극에서 악어 조상들이 헤엄을 쳤다고 해요. 그때 지구 평균 기온은 지금보다 고작 3도 높았을 뿐이었어요. 그러니까 그깟 1도가 아니라 엄청난 1도예요.

 온도보다 더 중요한 건 속도예요. 지금 우리가 겪는 기후 위기가 심각한 건, 변하는 속도 때문이거든요.

시간이 없어, 속도를 줄여야 해

지구의 과거를 더듬어 보면, 지구 온도는 1만 년 동안 4~5도를 오르내렸어요. 그런데 지난 100년 사이에 인간은 지구 온도를 1도나 올려 버렸어요. 원래 지구의 온도가 올라가는 속도의 20배가 넘는 속도죠.

대기과학자이자 기후 변화 전문가인 조천호 선생님은 이 상황이 고속 도로를 시속 100킬로미터로 달리다가 갑자기 시속 2,000킬로미터로 달리는 것과 같다고 말해요. 상상만으로도 아찔하죠?

생물의 멸종 속도도 아찔합니다. 기후 위기로 자연적인 멸종 속도보다 100배는 빠르게 동식물이 사라지고 있어요. 지난 백 년간 미국의 민물고기 멸종 속도는 무려 1,000배나 빨라졌다고 해요. 우리는 온 힘을 다해 이 속도를 줄여야 해요.

올빼미와 앵무새가 들려주는 이야기

　변화의 속도를 줄이면, 우리에겐 희망이 있어요. 탄소 배출을 점점 줄이면 지구 온도가 올라가는 속도도 느려질 거예요. 그러면 인간뿐 아니라 지구의 많은 생물이 변화하는 지구에 어떻게든 적응할 수 있죠.

　벌써 몇몇 동물들은 지구에 맞춰 변신하고 있어요. 북유럽 흰올빼미는 눈 덮인 곳이 점점 줄어들자 날개 색을 갈색으로 바꿨죠. 호주의 목도리앵무새는 뜨거워진 숲에서 체온을 떨어뜨리려고 날개와 부리를 더 키웠답니다.

　최선을 다한다면 지구가 뜨거워지는 속도를 얼마든지 늦출 수 있어요. 그러면 모두가 속수무책으로 멸종하는 대신, 살짝 더 뜨거워진 지구를 껴안고 열심히 살아가겠죠.

지구인만큼 지구를, 외계인만큼 우주를

    기후 위기의 끝은 무시무시할 수 있어요. 하지만 우리는 그 끝을 알기 때문에 얼마든지 지혜롭게 위기를 막을 수 있어요. 우리 모두의 작은 노력과 큰 변화로 인간뿐 아니라 지구에서 살아가는 모든 생명이 안전할 수 있죠.

    지구가 멋지고 아름다운 건, 인간이 지구를 그렇게 바라보기 때문이에요. 그 어떤 외계인도 이 작고 푸르고 희귀한 행성을 지구인만큼 사랑할 순 없을 거예요. 그 힘으로 이 기후 위기를 함께 헤쳐 나가 볼까요?

지구가 뜨거워질수록 새와 포유류는 귀나 날개가 커지고 팔다리가 기다랗게 진화한대.

인간도 팔다리가 길어지지만 안 움직여서 흐물흐물한 데다가 스마트폰 보느라 거북목에 구부정하게 진화하겠지?
내 멋진 얼굴과 몸매를 지키기 위해서라도 스마트폰을 멀리하고 꼭 지구를 살려야겠어.

이건 아니잖아~ 아, 이건 아니잖아!

기후위기 우리가 막아! 바로 지금! 사랑해 지구야!

너와 나의 지구를 위한 탄소 중립 대작전 2

지구 살리기 대작전 1단계 : 아름다운 자원 순환

정부와 기업은 쓰레기를 제대로 모아 재활용하는 시스템을 만들고
공장은 제품을 디자인할 때부터 쓰레기가 나오지 않도록 만들어야 해요.
우리는 무엇을 할까요?

1. 일회용품을 사용하지 않아요
- ☐ 일회용 컵 대신 텀블러와 다회용 컵을 사용해요.
- ☐ 집에서 자기 컵을 따로 정해서 써요.
- ☐ 물티슈 대신 행주와 걸레를 사용해요.
- ☐ 손수건을 갖고 다니며 종이 타월과 핸드 드라이어를 쓰지 않아요.

2. 비닐 사용을 줄여요
- ☐ 장바구니를 잊지 않고 챙기기 위해 현관이나 자동차에 늘 넣어 둬요.
- ☐ 비닐봉지는 여러 번 재사용해요.
- ☐ 음식을 보관할 때 비닐 지퍼백보다 그릇을 이용해요.
- ☐ 우산에 빗물을 없앨 때 비닐보다 방수 덮개나 빗물 제거기를 사용해요.
- ☐ 포장할 때 비닐 테이프와 뽁뽁이 에어캡을 쓰지 않아요.

3. 음식 배달을 줄이고 음식 포장을 신경 써요

　　☐ 배달 음식을 주문할 때 일회용 포크와 수저를 받지 않아요.
　　☐ 집에서 용기와 그릇을 가져가 음식점에서 음식을 담아 와요.
　　☐ 음식을 포장할 때 비닐장갑, 비닐 랩 사용을 줄여요.

4. 재활용품을 분리 배출해요

비운다 — 용기 안의 내용물은 깨끗이 비우고 배출합니다.
헹군다 — 재활용품에 묻어 있는 이물질, 음식물 등은 닦거나 헹궈서 배출합니다.
분리한다 — 라벨, 뚜껑 등 다른 재질은 별도 제거 후 배출합니다.
섞지 않는다 — 종류별, 재질별로 구분하여 배출합니다.

지구 살리기 대작전 2단계 : 깨끗한 교통수단

　　☐ 버스, 지하철, 기차 등 대중교통을 이용해요.
　　☐ 가까운 거리는 걷거나 자전거를 타요.
　　☐ 전기차와 수소 자동차를 이용해요.
　　☐ 급출발, 급정거하지 않고 트렁크를 가볍게 하는 친환경 운전을 배워요.

지구 살리기 대작전 3단계 : 탄소를 흡수하는 숲과 나무 보호

　　☐ 산불을 예방해요.
　　☐ 산책이나 여행할 때 풀과 꽃과 나무를 훼손하지 않아요.
　　☐ 집 안과 옥상에 식물을 가꾸고 텃밭을 일궈요.
　　☐ 기념일에 나와 가족의 나무를 심어요.

참고 도서와 기사

<지구온난화 1.5℃ 특별보고서>, 2018, IPCC.
<기후변화 2021 과학적 근거>, 2021, IPCC AR6 제1실무그룹.
『6도의 멸종』, 마크 라이너스, 세종서적, 2014
『파란하늘 빨간지구』, 조천호, 동아시아, 2019.
『플랜 드로다운』, 폴 호컨, 글항아리사이언스, 2019.
『2050 거주불능 지구』, 데이비드 월러스 웰즈, 추수밭, 2020년.
『위기의 지구, 물러설 곳 없는 인간』, 남성현, 21세기북스, 2020.
『생태적 전환, 슬기로운 지구 생활을 위하여』, 최재천, 김영사, 2021.
『우리는 결국 지구를 위한 답을 찾을 것이다』, 김백민, 블랙피쉬, 2021.
http://climate-strike.kr 기후위기 비상행동
https://www.gihoo.or.kr/netzero 환경부 2050탄소중립포털

밖으로 나서기 전 옷을 입고 단추를 채우듯이,
세상으로 올곧게 나아가려면 물음표를 품고 생각을 채워야 합니다.
질문하는 어린이는 우리 어린이들이 앞으로 떠올리게 될
수많은 물음표를 하나하나씩 함께 채워 나가며,
새로운 가치를 발견하고 만들어 가는 시리즈입니다.